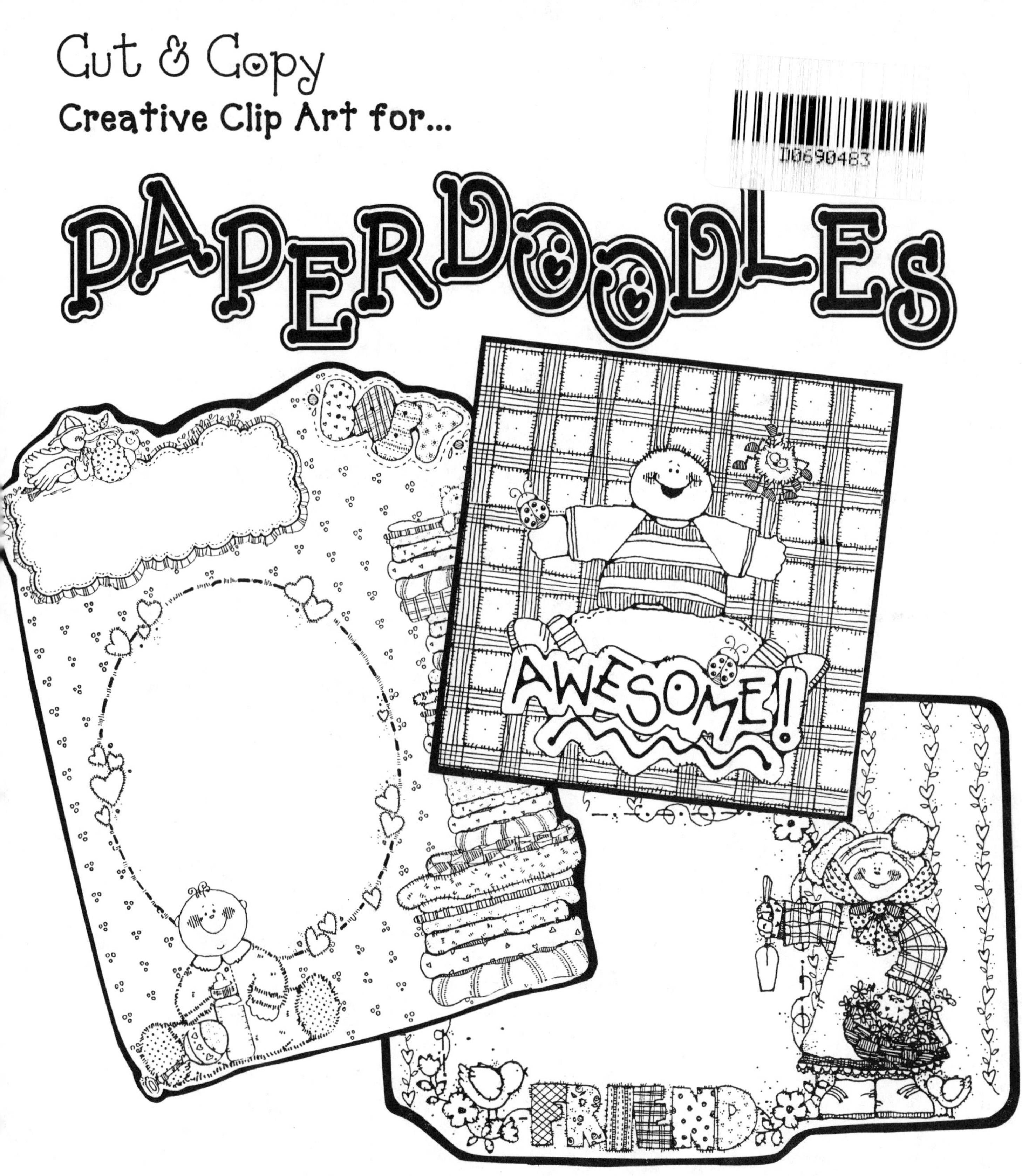

All designs in this book are original and copyrighted by Dianne J. Hook. All rights are reserved. Permission is hereby granted with purchase to reproduce any part of this book on a limited basis for personal and non-commercial use only...(you can't use any designs for business cards, creating stuff to sell at boutiques or other shops, sharing or giving away copies of this book to family and friends, etc...its' very dishonest!) Mechanical or any other reproduction of any portion of this book is strictly prohibited unless written permission is given by Dianne J. Hook/ Post Office Box 2462/ Sandy, UT 84091 Please feel free to contact our office for any questions on this copyright (801) 565-0894

Original designs by Dianne J. Hook

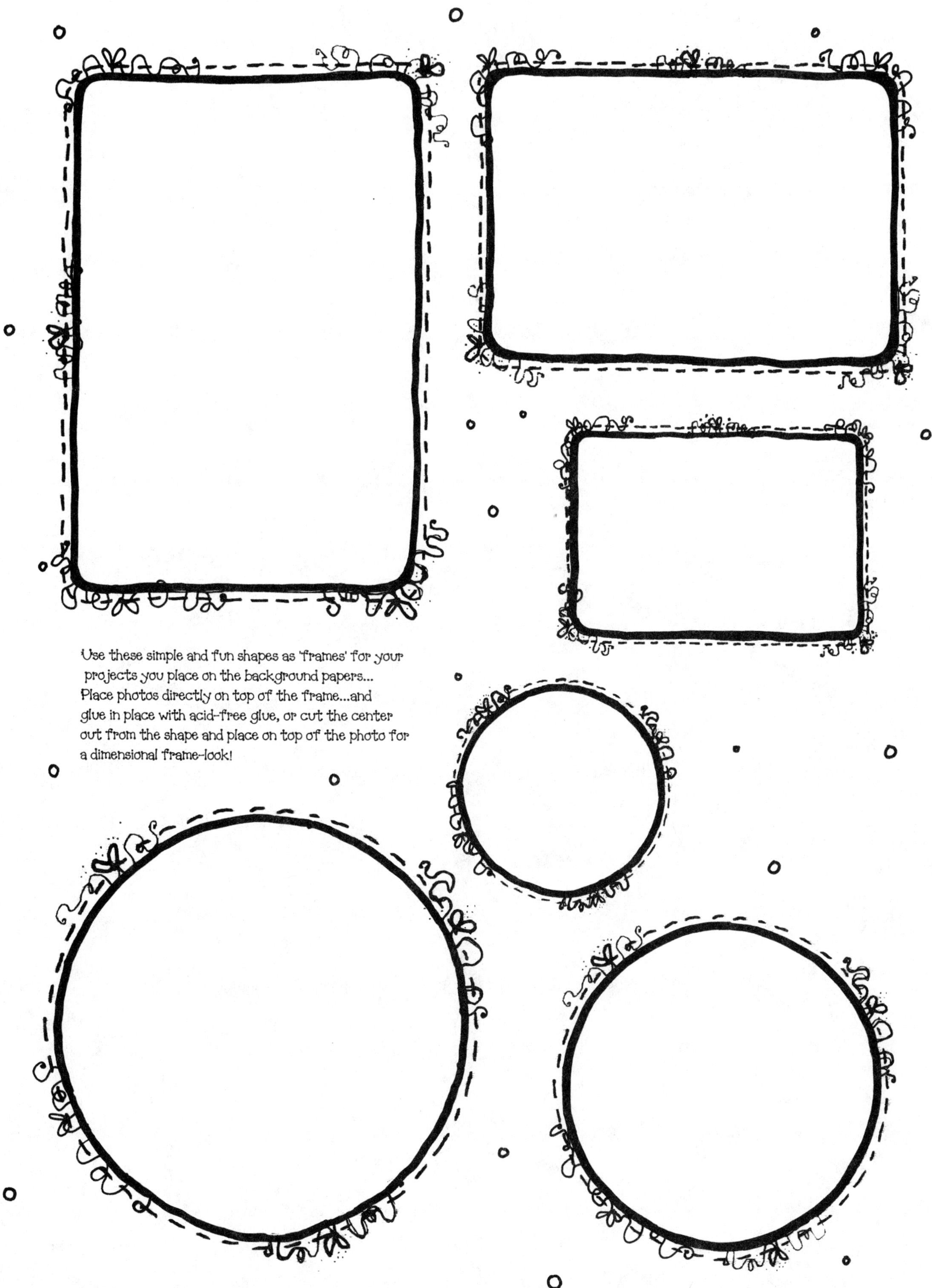

Use these simple and fun shapes as 'frames' for your projects you place on the background papers... Place photos directly on top of the frame...and glue in place with acid-free glue, or cut the center out from the shape and place on top of the photo for a dimensional frame-look!

Designs © Dianne J. Hook 1998

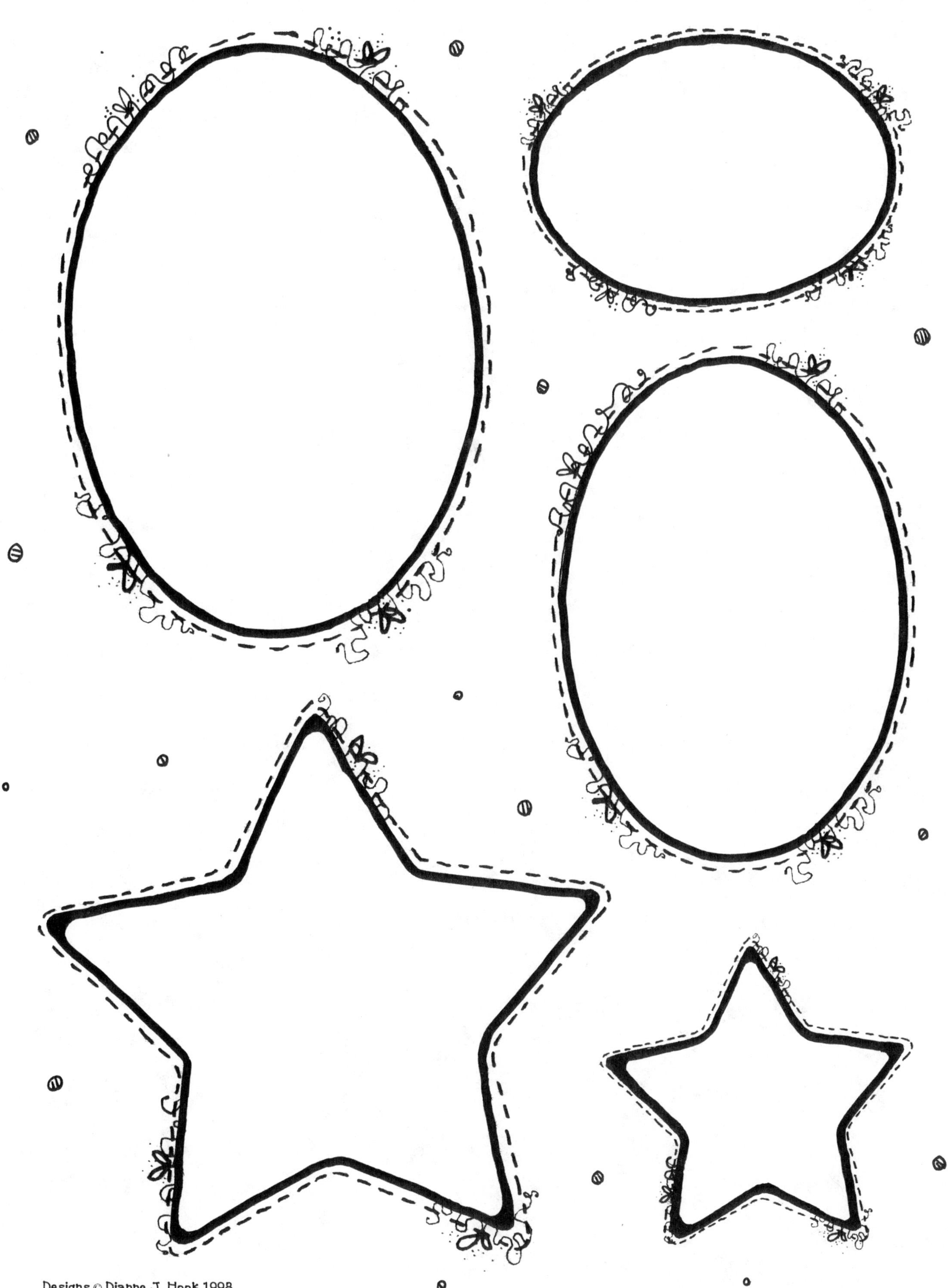

Designs © Dianne J. Hook 1998

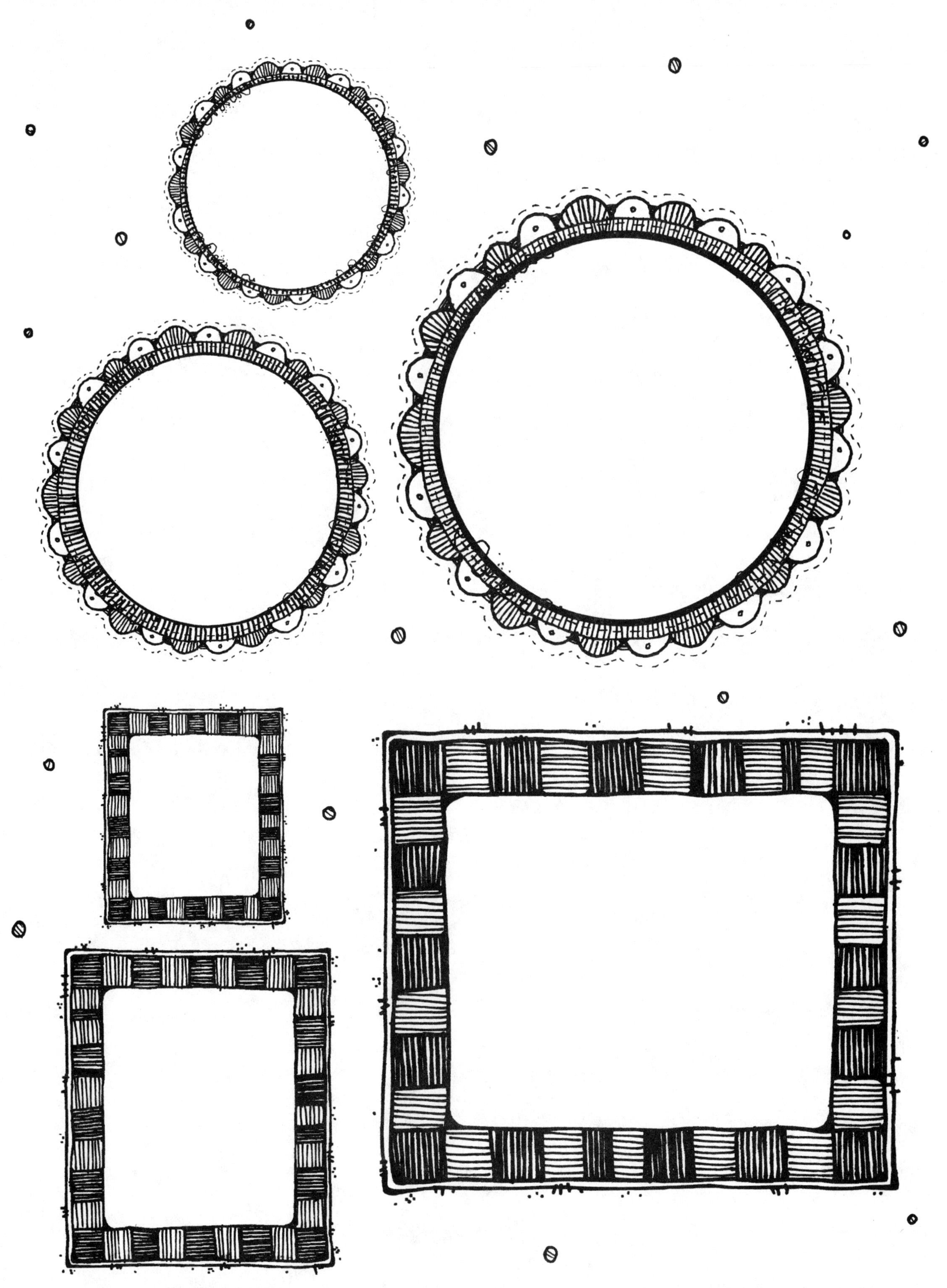

Designs © Dianne J. Hook 1998

Designs © Dianne J. Hook 1998

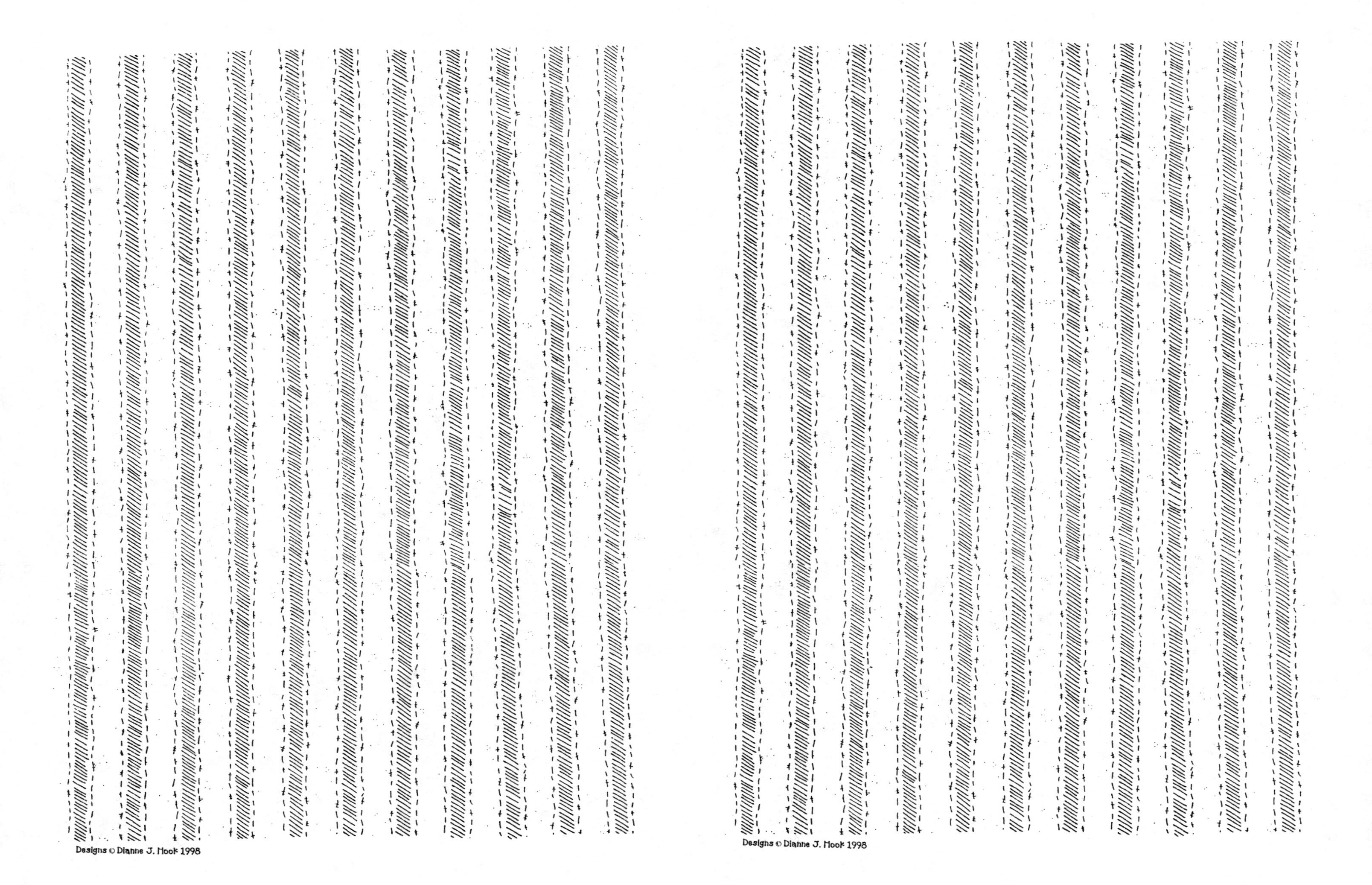
Designs © Dianne J. Hook 1998
Designs © Dianne J. Hook 1998

Designs © Dianne J. Hook 1998

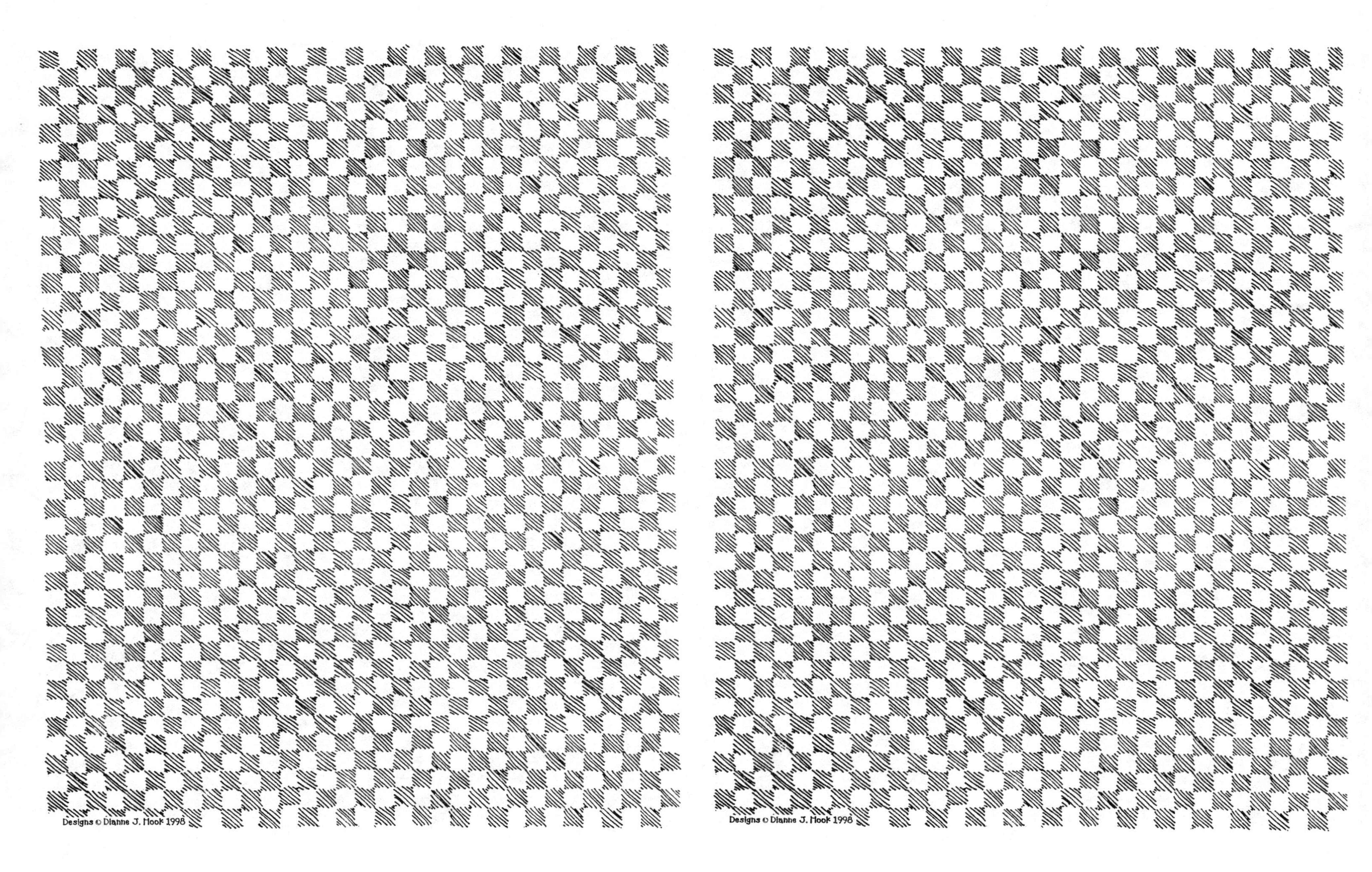
Designs © Dianne J. Hook 1998
Designs © Dianne J. Hook 1998

Designs © Dianne J. Hook 1998

Designs © Dianne J. Hook 1998

Designs © Dianne J. Hook 1998

Designs © Dianne J. Hook 1998

Designs © Dianne J. Hook 1998

Designs © Dianne J. Hook 1998

Designs © Dianne J. Hook 1998

Designs © Dianne J. Hook 1998

Designs © Dianne J. Hook 1998

Designs © Dianne J. Hook 1998

Designs © Dianne J. Hook 1998

Designs © Dianne J. Hook 1998

Designs © Dianne J. Hook 1998

Designs © Dianne J. Hook 1998

Designs © Dianne J. Hook 1998

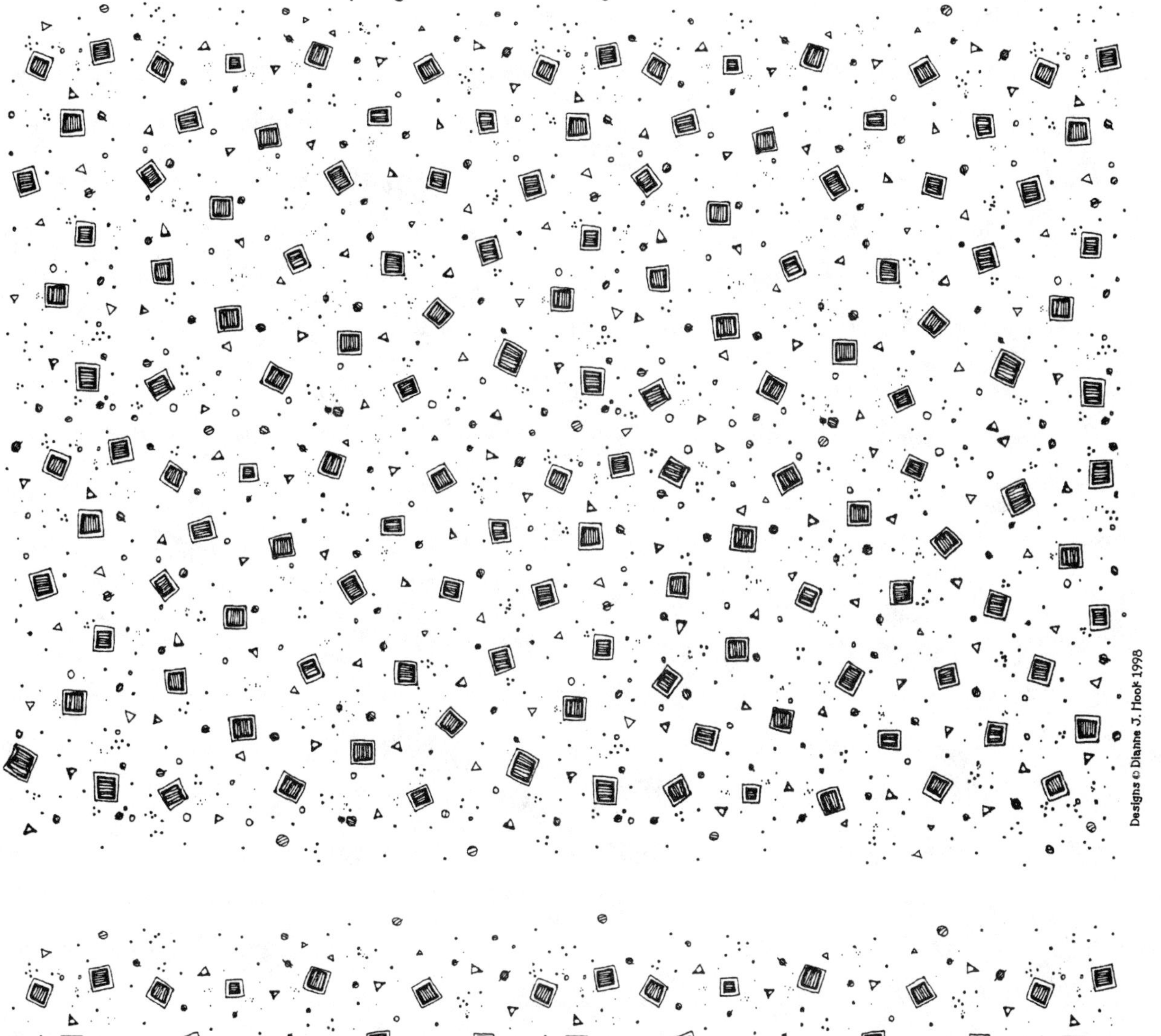

Designs © Dianne J. Hook 1998

Designs © Dianne J. Hook 1998

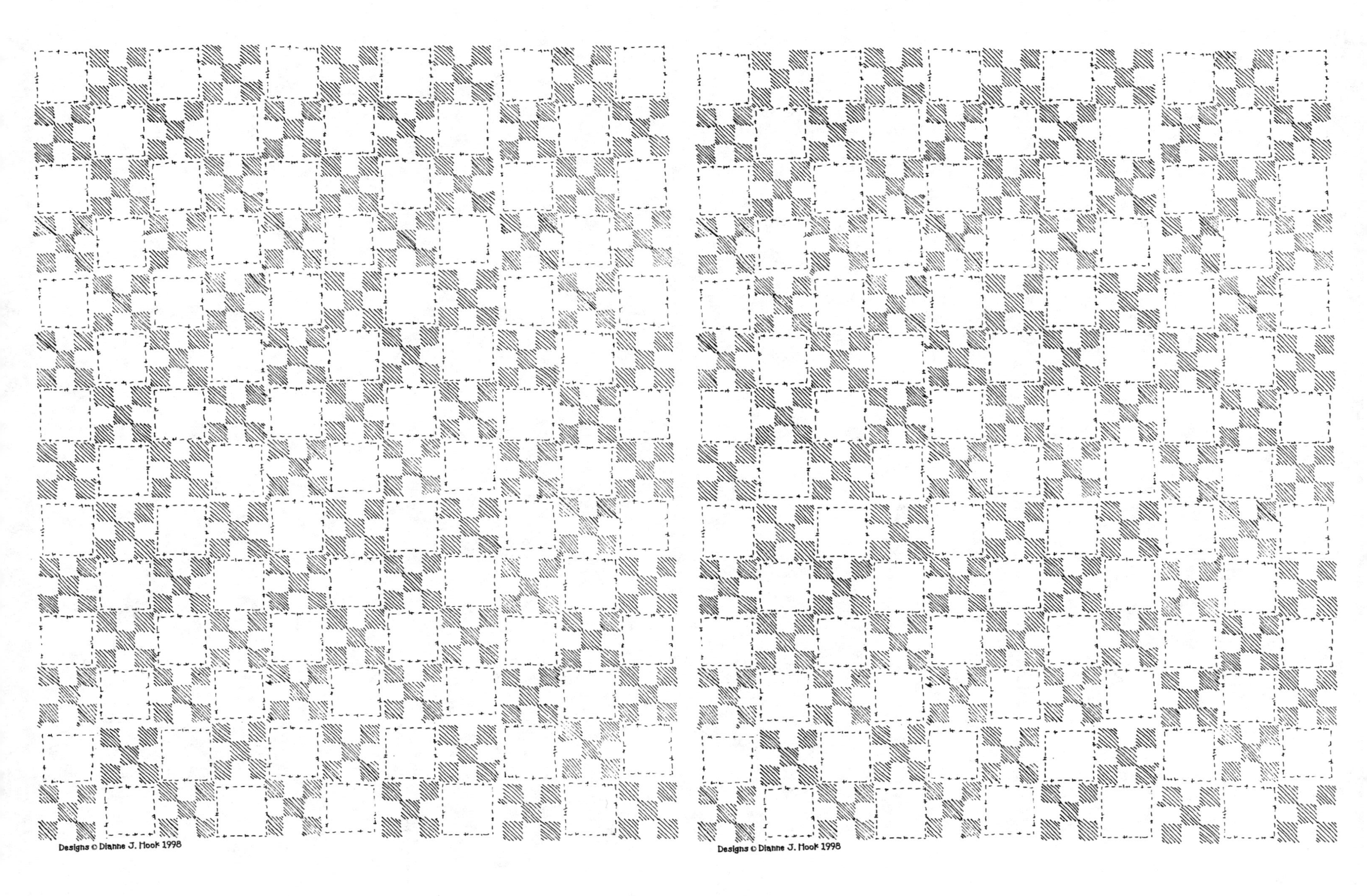
Designs © Dianne J. Hook 1998
Designs © Dianne J. Hook 1998

Designs © Dianne J. Hook 1998

Designs © Dianne J. Hook 1998
Designs © Dianne J. Hook 1998

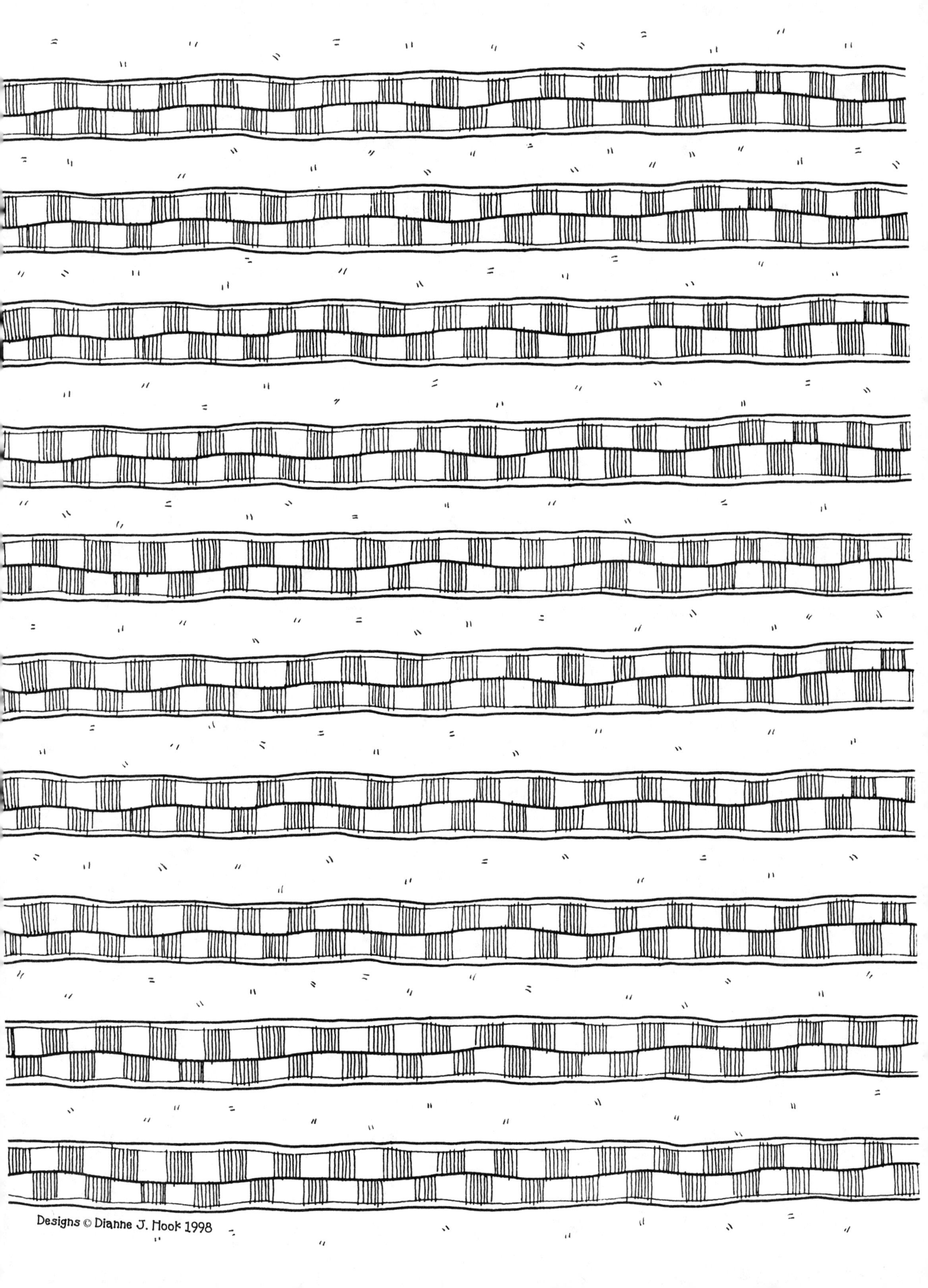

Designs © Dianne J. Hook 1998

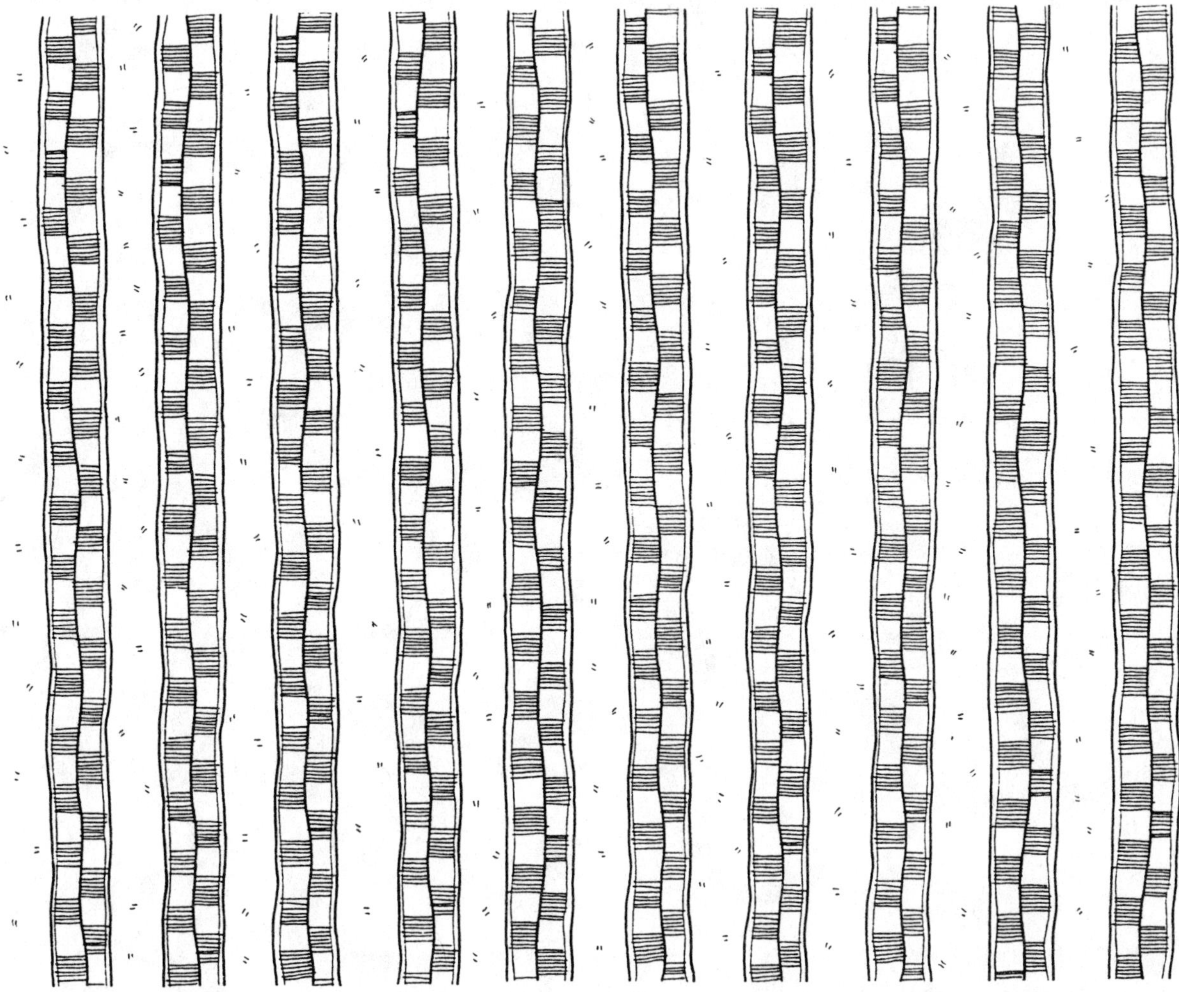

Designs © Dianne J. Hook 1998
Designs © Dianne J. Hook 1998

Designs © Dianne J. Hook 1998

Designs © Dianne J. Hook 1998
Designs © Dianne J. Hook 1998
Designs © Dianne J. Hook 1998

Designs © Dianne J. Hook 1998

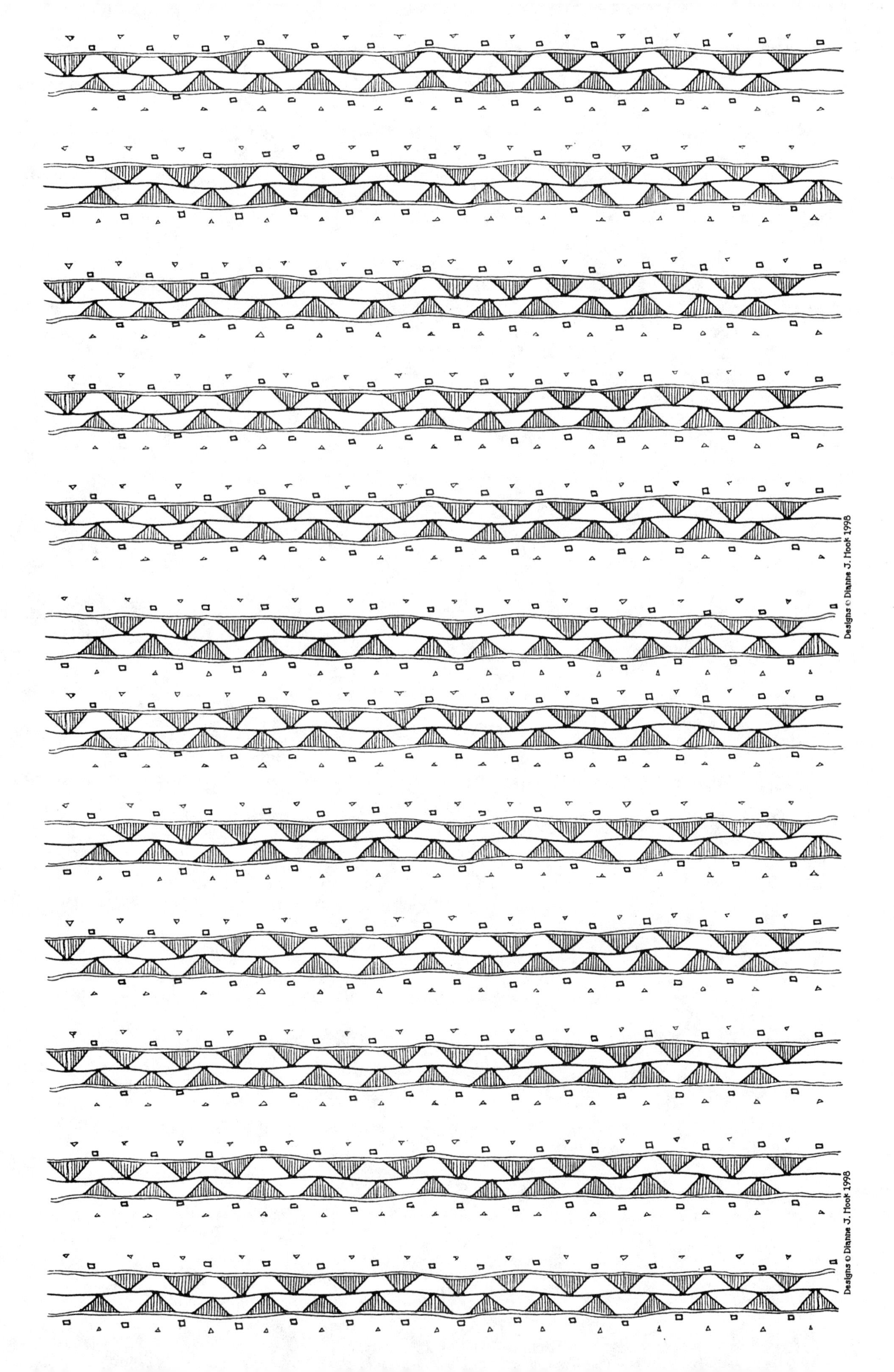
Designs © Dianne J. Hook 1998
Designs © Dianne J. Hook 1998

Designs © Dianne J. Hook 1998

Designs © Dianne J. Hook 1998

Designs © Dianne J. Hook 1998

Designs © Dianne J. Hook 1998

Designs © Dianne J. Hook 1998

Designs © Dianne J. Hook 1998

Designs © Dianne J. Hook 1998

Designs © Dianne J. Hook 1998

Designs © Dianne J. Hook 1998

Designs © Dianne J. Hook 1998

Designs © Dianne J. Hook 1998

Designs © Dianne J. Hook 1998

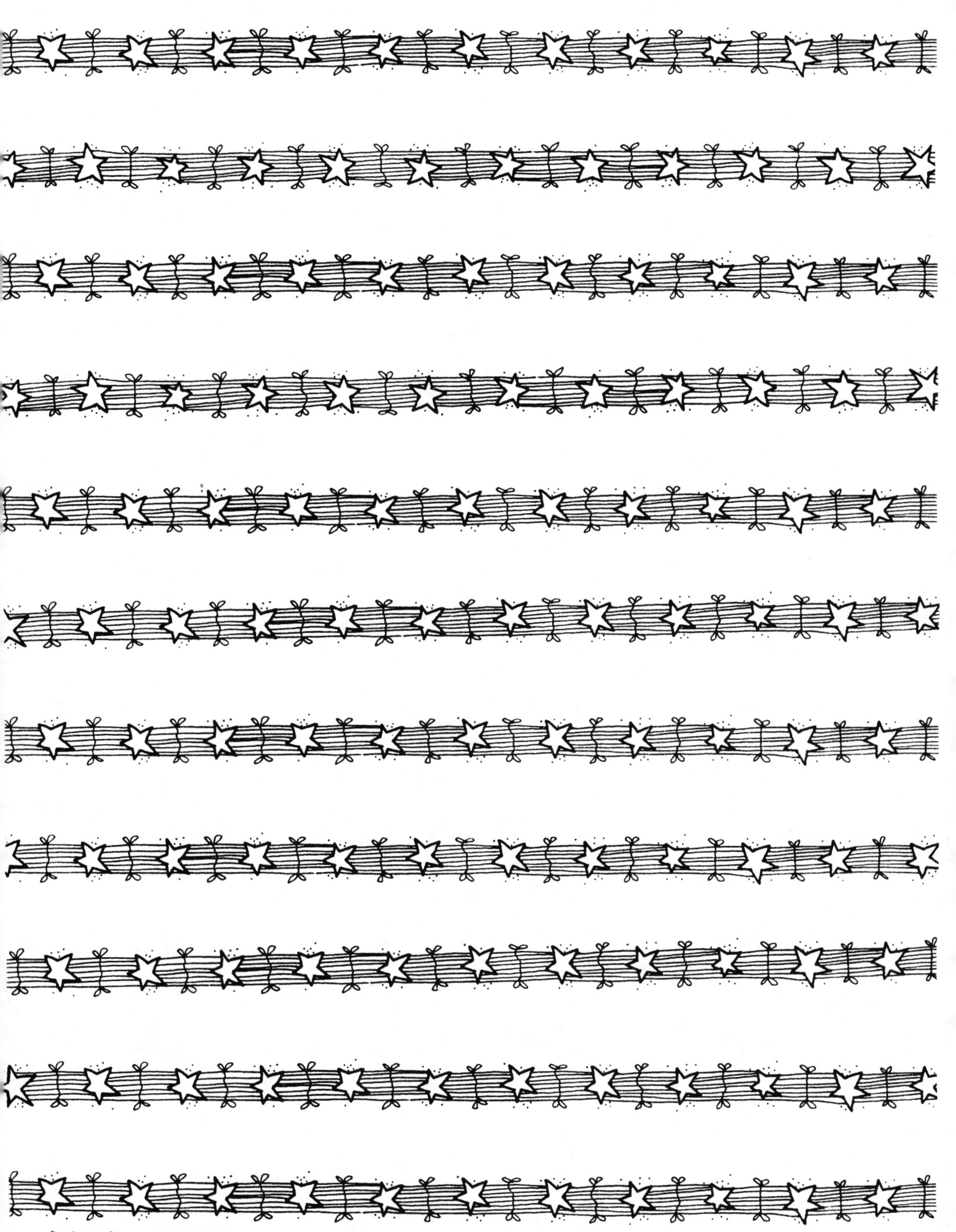

Designs © Dianne J. Hook 1998

Designs © Dianne J. Hook 1998

Designs © Dianne J. Hook 1998

Designs © Dianne J. Hook 1998

Designs © Dianne J. Hook 1998

Designs © Dianne J. Hook 1998

Designs © Dianne J. Hook 1998

Designs © Dianne J. Hook 1998

Designs © Dianne J. Hook 1998

Designs © Dianne J. Hook 1998

Designs © Dianne J. Hook 1998
Designs © Dianne J. Hook 1998

Designs © Dianne J. Hook 1998

Designs © Dianne J. Hook 1998
Designs © Dianne J. Hook 1998

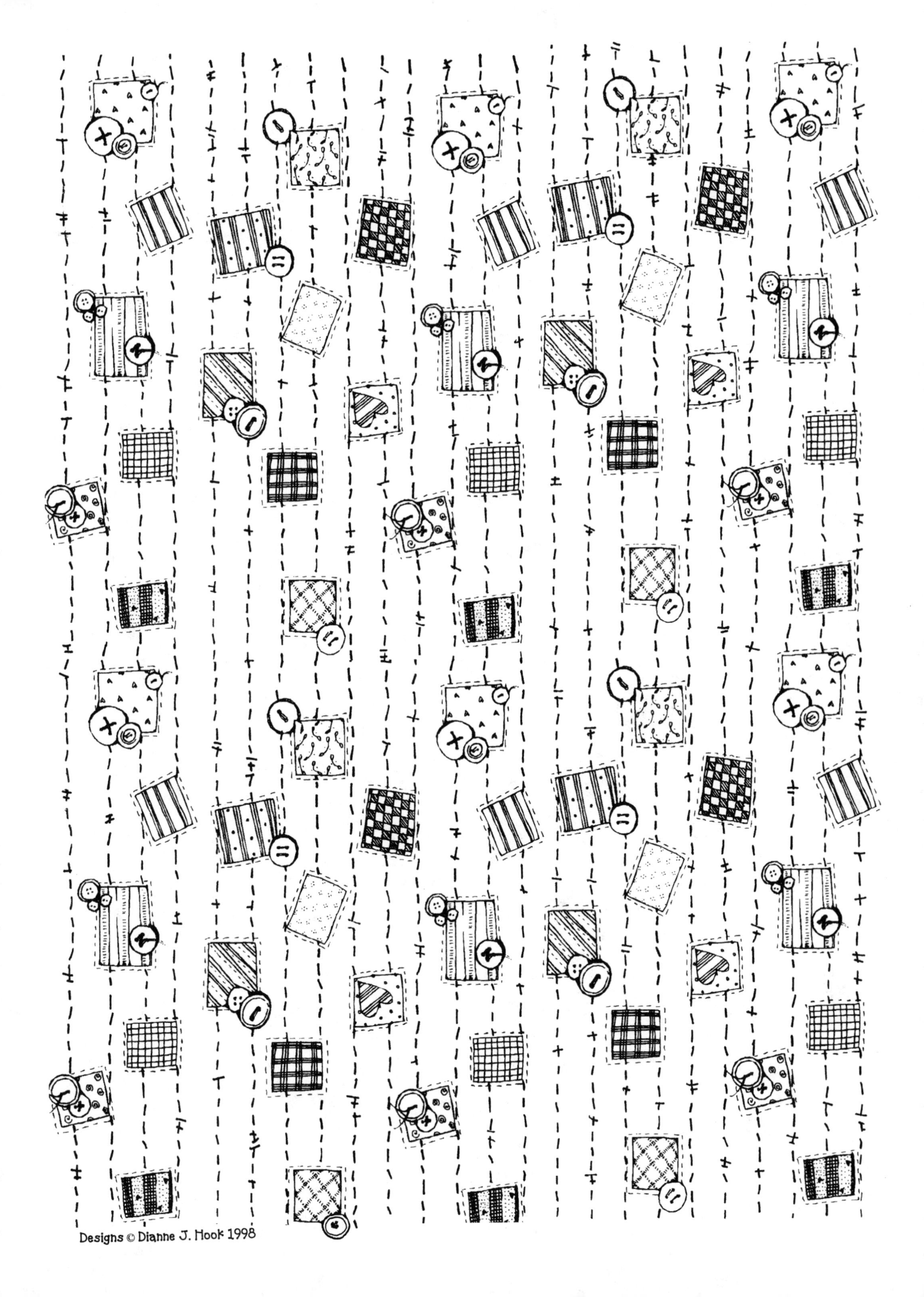
Designs © Dianne J. Hook 1998

Designs © Dianne J. Hook 1998

Designs © Dianne J. Hook 1998

Designs © Dianne J. Hook 1998

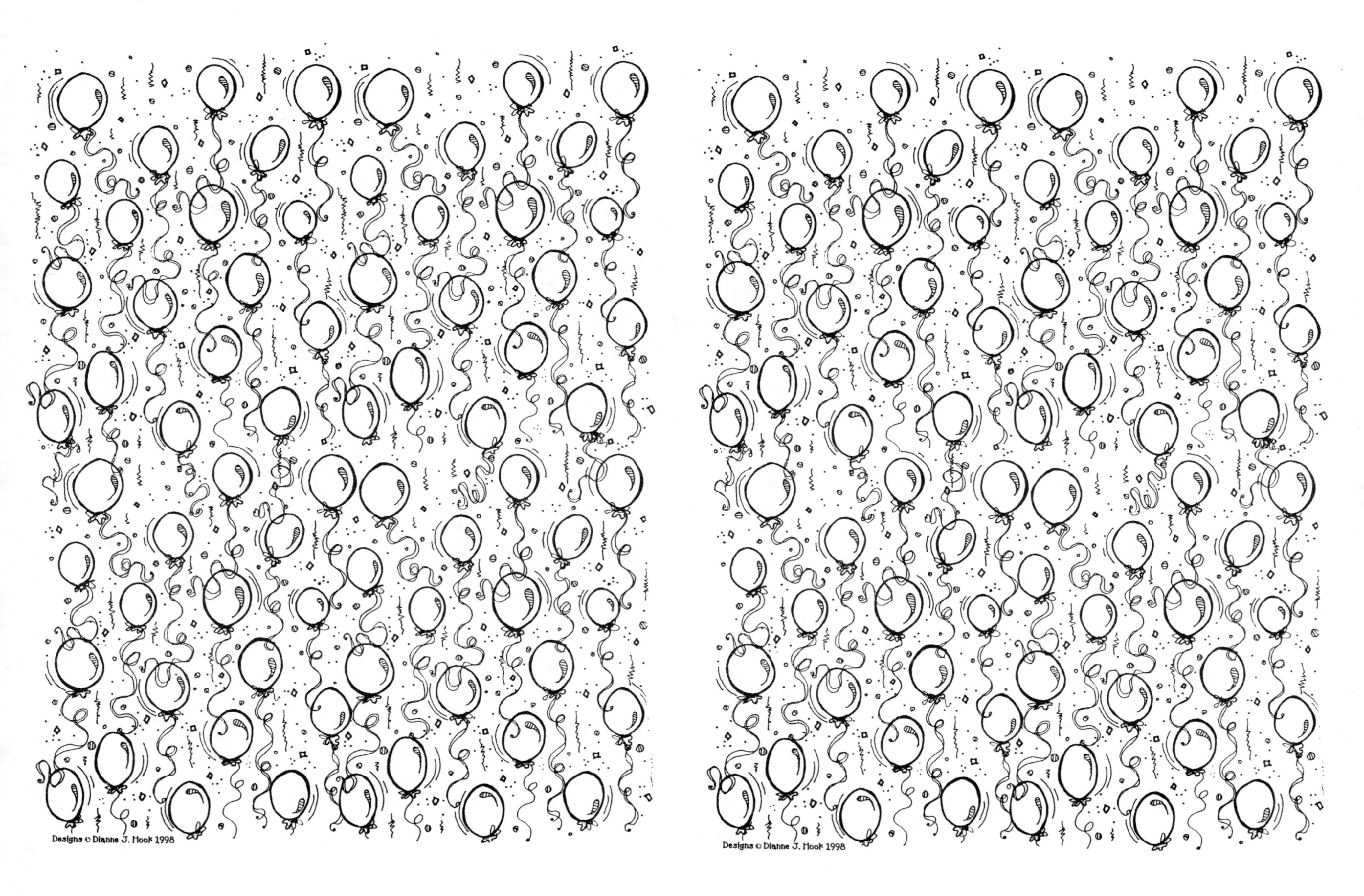
Designs © Dianne J. Hook 1998
Designs © Dianne J. Hook 1998

Designs © Dianne J. Hook 1998

Designs © Dianne J. Hook 1998

Designs © Dianne J. Hook 1998

Designs © Dianne J. Hook 1998

Designs © Dianne J. Hook 1998

Designs © Dianne J. Hook 1998

Designs © Dianne J. Hook 1998

Designs © Dianne J. Hook 1998

Designs © Dianne J. Hook 1998

Designs © Dianne J. Hook 1998

Designs © Dianne J. Hook 1998

Designs © Dianne J. Hook 1998

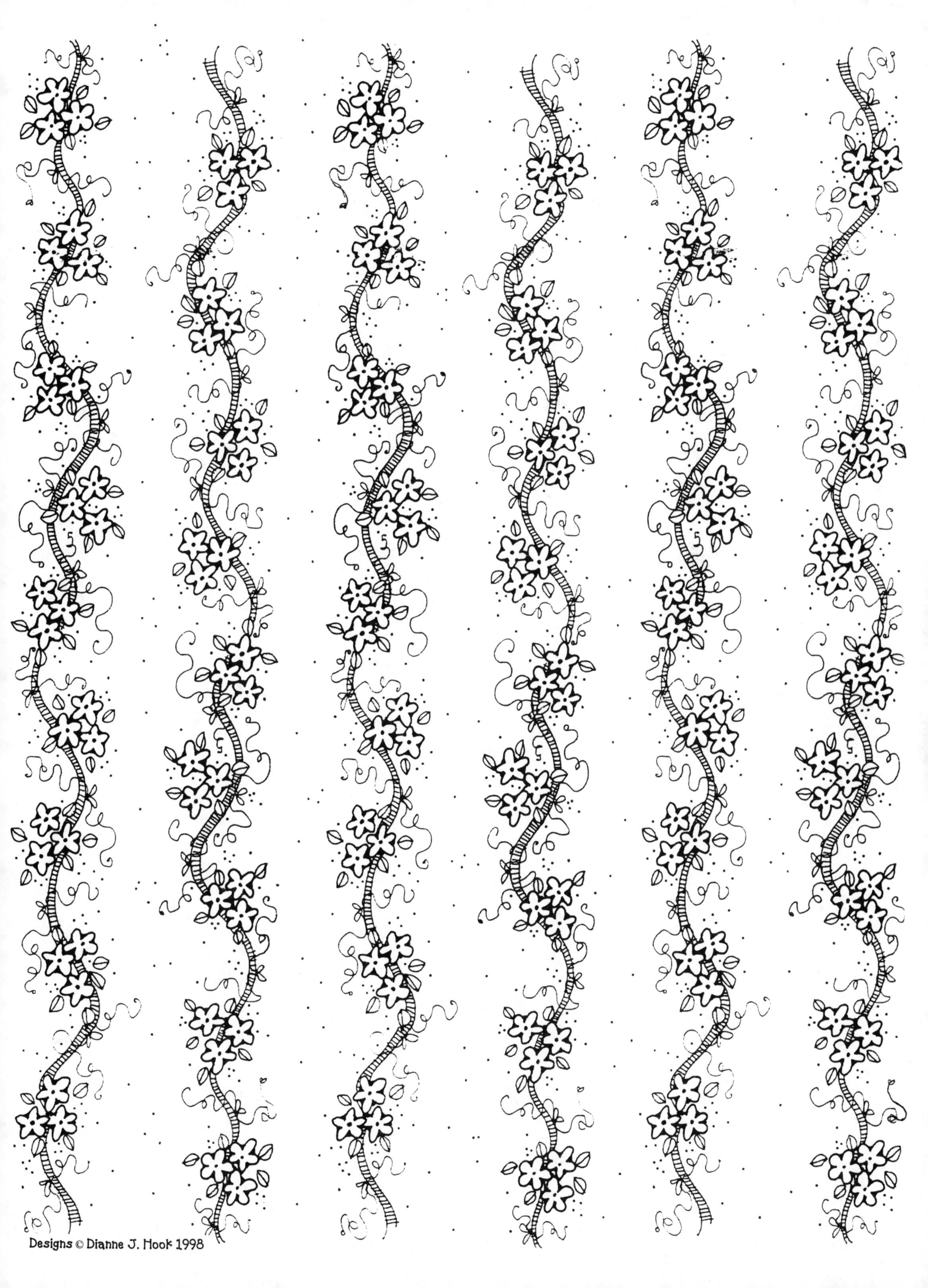

Designs © Dianne J. Hook 1998

Designs © Dianne J. Hook 1998

Designs © Dianne J. Hook 1998

Designs © Dianne J. Hook 1998

Designs © Dianne J. Hook 1998

Designs © Dianne J. Hook 1998